Der Liebesmagnet

von Ulrike Stern

www.derliebesmagnet.com

Mein Geschenk an Dich:

....

© *Ulrike Stern 2016 - 1. Auflage*

Bibliografische Information der Deutschen Nationalbibliothek: Die Deutsche Nationalbibliothek verzeichnet diese Publikation in der Deutschen Nationalbibliografie; detaillierte bibliografische Daten sind im Internet über http://dnb.dnb.de abrufbar.

Umschlagbild: Copyright by Ulrike J. Sabitzer
Gestaltung: Echo Media

Alle Rechte, auch das des auszugsweisen Nachdrucks, der auszugsweisen oder vollständigen Wiedergabe, der Speicherung in Datenverarbeitungsanlagen und der Übersetzung vorbehalten.

Herstellung und Verlag: BoD - Books on Demand, Norderstedt, Deutschland

.

ISBN: 9 783743141063

Auch als E-Book und Hörbuch erhältlich

Ich widme dieses Buch all den wundervollen Menschen, die mich lieben, die ich liebe, die mich noch lieben werden und die ich noch lieben werde. Im Speziellen meinem lieben Herzensfreund und Partner von crealiity, Roman Padiwy, der mich mit eiserner Hand dazu animiert hat, endlich dieses Buch zu schreiben. Sein unermüdlicher Fleiß ist mir immer ein Vorbild.

Weiters widme ich dieses Buch all meinen geliebten Miezekatzen, die mich mein Leben lang begleitet haben und begleiten werden. Die Liebe eines Tiergefährten ist etwas Besonderes. Danke an (die Reihenfolge ist die Abfolge ihres Daseins): Murli, Susi, Bobby, Elvis, Bärchen, Delfi (reinkatzinierter Kater Elvis), Panta-Resi, Cindy und Elli (beide = Cinderelli).

Ich wünsche allen, die dieses Buch lesen und damit gestalten - mucho grande love! Abrakadabra

„Happiness is your choice"

Inhaltsverzeichnis

Dein Liebesdrehbuch   7

Die 9 Siegel der Liebe   10

Dein Liebesmagnet-Schlüssel   15

Das 1. Siegel - Realitätsgestaltung   17

Das 2. Siegel - Dein Liebeskörper   26

Das 3. Siegel - Vom Unterschätzchen zum Schatz   32

Das 4. Siegel - Der Loreley-Faktor   39

Das 5. Siegel - Deine Liebeskommunikation   47

Das 6. Siegel - Goldene Momente der Zellekstase   52

Das 7. Siegel - Seelengefährten   60

Das 8. Siegel - Blümchensex 9.0   74

Das 9. Siegel - Grande Finale   90

Dein Liebesdrehbuch.

Hallo, ich bin Ulli und habe so ziemlich alle Höhen und Tiefen von Liebesbeziehungen erlebt. Als Feuerpferd nach dem Chinesischen Horoskop sind Liebe, Romantik, Erotik für mich natürlich sehr wichtig. Ich habe mir deshalb aufgrund meiner vielschichtigen Erfahrungen überlegt, was Dir wirklich aus diesem Erkenntnisschatz (mittlerweile) dazu verhelfen könnte, glücklich zu sein.
Ich möchte Dir gerne aufzeigen, dass Du selber Gestalter/In Deiner Traumbeziehung bist und wie Du dieses Wissen wieder reaktivierst. Du kannst dies in weiterer Folge in Deinem ganzen Leben für jeden Bereich anwenden. Da wir ohnehin in unserem eigenen Liebesfilm leben, der oftmals leider ein fürchterliches Drama ist, in dem wir uns die Hauptrolle zugedacht haben, fand ich die Methode des Liebesdrehbuch-Schreibens äußerst effizient. Deshalb wirst Du bis zum Ende dieses Präsents Dein ganz persönliches Liebesdrehbuch geschrieben haben und erfahren, wie Du zu einem Liebesmagneten wirst!

Merliste, eine echte Liebesfee, hat mir ihre seit Jahrhunderten bewährten Liebesgeheimnisse verraten und mir erlaubt, sie an Dich weiterzugeben. Wenn Dir manches zu fantastisch erscheint, bedenke es stammt von einer Fee! Weiters hat auch der verhexte Giacomo Casanova (jetzt schwarzer Kater Elvis G., da er mit Elvis kommuniziert) ab und zu seinen Senf in Form von Poesie dazugegeben. Inspiriert von Giacomo und Rocklegende Elvis. Er hat sie extra für Dich geschrieben! Ich habe Dir in diesen Buch einen Mix aus meinen Erkenntnissen und denen von Merliste zusammengestellt.

Bevor Du loslegst, Dein Liebesleben selbst zu gestalten und Dein Drehbuch zu schreiben, möchte ich Dir die verschiedenen Charaktere ausführlicher vorstellen, die Dich auf der Reise durch dieses Buch begleiten werden.

Merliste:

Sie ist eine Liebesfee und die Urururenkelin von Merlin und Morgan le Fay. Die beiden haben anno dazumal den Liebestrank für Guinevere gemixt, damit sie König Artus für sich gewinnen konnte. Merliste hat honigblond gelocktes Haar und kleidet sich vorzugsweise in Lila, Flieder und Rosétönen, da sie auch die Oberste der Rosenelfen ist. Es umgibt sie immer ein Hauch eines feinen Rosenduftes, wenn sie erscheint. Bei ihrem Kleiderdesign würde Elie Saab vor Neid erblassen. Halle Berrys Oscarkleid war eine Inspiration von Merliste (weil sie so eine gute Catwoman war).

Elvis G.:

Er ist ein schwarzer Kater und eigentlich der verhexte Frauenheld Giacomo Casanova (eine rothaarige Hexe hatte keinen Humor...). Er ist jetzt ein 'interspecies communicator', d.h. er kann mit allem was kreucht und fleucht kommunizieren. Mit dieser Fähigkeit gelang es ihm, mit dem Spirit des King, nämlich Elvis, höchstpersönlich zu kommunizieren. Er sieht sich seither als musikalisches Sprachrohr des King und dieser inspiriert ihn zu den poetischen Liebesgedichten, die ihr zwischendurch immer lesen könnt. Ich bekomme wöchentlich eines von ihnen und ich liebe sie (leider samt Gesang ...).

Wenn ihr mehr über Elfen und Naturwesen wissen wollt, dann schaut doch auf www.cityelfen.com. Da gibt's meinen Cyber-Elfen-Miezenkrimi 'cityelfen'. Das Genre heißt ja urban fantasy ... urban reality wäre treffender ...

Ja, noch was - ich habe natürlich in Sachen Liebe und Beziehung jetzt nicht die Weisheit mit dem Löffel gefressen, wie man so schön sagt. Ich halte mich nicht immer (aber immer öfter) an das, was ich hier geschrieben habe, nicht weil es nicht besser für mich wäre, sondern weil ich zu schwach bin! Manchmal lerne ich wieder etwas Neues dazu und falle mitunter auf die Nase ... ich musste ja Stoff für das Buch sammeln. Gott sei Dank ist es jetzt geschrieben ... Ich arbeite dran, mich an Merlistes Weisheiten zu halten ... autsch, meine Nase tut gerade sooo weh ...

Ein Geheimnis wird offenbar – die 9 Siegel der Liebe.

Streng verwahrt, bislang in den Artefaktenkammern der Elfen, lag das uralte Buch der 'Neun Siegel der Liebe'. Endlich wurde das Buch von Merliste herausgeholt, um ein paar Getränkemixe nachzuschlagen. Es ist sehr wertvoll! Ich nutzte die Gunst der Stunde, als ich davon hörte. Es war harte Arbeit, das wichtigste Know how des Buches in die Finger zu bekommen. Ich benötigte ganz schön viel von dem Rosenlikör, den Merliste außerordentlich wohlbekömmlich fand, jedoch nicht wirklich gut vertrug ... sie plauderte alle wichtigen Geheimnisse des Buches aus. Bevor ich es wieder vergesse, hier die Essenz aus unseren neun durchkicherten Rosenlikörnächten ... ich hoffe ich habe nichts durcheinander gebracht ... aber die Liebestränke sind nicht Bestandteil dieses Buches ... die sind nicht mehr erlaubt, schade ... ich konnte mir aber ein paar Zaubersprüche merken! Jedenfalls ist der Schlüssel zu diesen Siegeln ein geheimnisvoller Liebesmagnet! Und ich werde euch das Geheimnis verraten (ich habe brav die Autorisierung bei Merliste eingeholt - ich bin jetzt autorisierte Elfenautorin). D.h. ich darf über die Abenteuer und Weisheiten der Elfen-Zivilisation - der Little People (eine uralte Zivilisation im Universum) - ab sofort offiziell Bücher schreiben. Ich möchte auch gerne Elfenbeauftragte in Österreich sein!

Biiitte.....wie in Island! Dort gibt es Elfenbeauftragte, die als Mittler zwischen den Baubehörden und den Elfen dienen, bevor irgendetwas gebaut wird.
Es geht ja nicht, dass die Häuser der Elfen einfach durch Autobahnen wegradiert werden. Das ist so eine Frechheit!!!!!!!

Die Technik des Drehbuch-Schreibens - Deine Rolle!

Bevor wir beginnen, noch ein paar Basics!
Da nur das Jetzt zur Kreation zur Verfügung ist, wird auch ein Drehbuch in der Gegenwartsform geschrieben. Als ob es genau jetzt passieren würde. Das trickst auch Dein Unterbewusstsein aus. Denn wenn Du es in der Gegenwart schreibst, glaubt es, es ist bereits real. Denn das geschriebene Wort hat enorme Kraft. 'Denn das Wort ist Fleisch geworden und hat unter uns gewohnt,' heißt es in der Bibel. Doch auch das Bild und das Gefühl dazu macht die eigentliche Kraft aus. Je mehr Sinne Du in Deiner Drehbuchszene mit einbeziehst, desto kraftvoller wird Deine Liebesvision. Wir werden jetzt in unserem ersten Schritt Deine Rolle in Deinem neuen Liebesdrehbuch festlegen. Doch bedenke, nichts ist in Stein geschrieben, Du kannst Deine Rolle jederzeit umschreiben. Überlege Dir jetzt, was wäre Deine Traumrolle in Deinem Liebesdrehbuch?

Ich gebe Dir ein **Beispiel**:

"Mein Name ist Caty. Ich bin sehr glücklich. Meine Träume haben sich erfüllt. Ich schreibe Bücher, ich bin erfolgreiche Autorin und mein Konto ist prall gefüllt. Ich lebe mit meinem geliebten Partner in unserem Haus am Strand. Ich erlebe die sinnlichste und ekstatischste Sexualität, die ich je erlebt habe. Sie verjüngt mich und ich werde jeden Tag noch schöner. Ich rieche den Ozean und die Blumen duften wunderbar. Alle meine reinkatzinierten Miezen miauen mich an, sie haben Hunger. Mein Verleger hat gerade angerufen, die Verkaufszahlen explodieren geradezu und ich habe eine Anfrage von einem Regisseur aus Hollywood, der meine Elfenabenteuer verfilmen will. Mein Liebster bringt mir gerade einen Cocktail. Er ist so sexy. Ach, ist die Liebe schön ..."

Lieber klotzen als kleckern! Schreib jetzt Deinen Auszug aus Deiner Rolle! Deine Ausgangsposition! Fühle in Dich hinein, was begehrt Dein Herz? Wie fühlt es sich an? Riechst Du die Gerüche und Düfte? Wie sieht das Bild dazu aus?

Los geht's ....

Das ist mal der Grundstein. Wer nicht weiß, was er/sie will, treibt wie ein Schiff ohne Steuerung auf dem offenen Meer. Am besten liest Du Dir die Szene jeden Tag vor und stellst sie Dir auch geistig vor. Dies ist eine sehr erfolgserprobte Methode, die auch Sportler anwenden, um ihr Ziel zu erreichen. Sie stellen sich ihren Sieg minutiös vor und kommen ihm dadurch nachweislich immer näher.

Wir werden im Laufe des Buches weitere Drehbuchszenen samt Dialogen schreiben, um Deine Liebesrealität so real wie möglich zu gestalten!

Dein Liebesmagnet-Schlüssel.

Wir werden bei Deinem neuen Drehbuch natürlich Dein Innerstes anzapfen, nämlich Deine Seele, die allwissend ist. Mit jedem Siegel, das wir öffnen, kommst Du Deiner Seelenverwirklichung ein Stückchen näher. Denn es gibt kein anderes Ziel als das zu leben, was unsere Seele sich wünscht. Da liegt unser Glück, nirgendwo sonst. Und das werden wir herausfinden. Der Liebesmagnet spielt hier eine entscheidende Rolle.

 *Merlistes Übung:*

Liebste......................, Liebster............................,

nachdem ich jetzt Deine wundervolle Rolle gelesen habe, zeige ich Dir, wie Du in diese neue Realität schlüpfen kannst. Zuerst einmal müssen wir Deinen Schlüssel hervorholen, der die neun Siegel wieder öffnet! Dazu setze Dich entspannt hin und bereite Dir vorher ein paar bunte Stifte vor. Atme tief durch und schaue tief in Dein Herz hinein. Tief drinnen findest Du ein Symbol, ein Mandala, einen Schlüssel. Dein persönlicher Schlüssel zu Deinem Glück! Nimm Dir die Zeit, die Du brauchst. Wenn Du in Dir das Bild gefunden hast, dann öffne die Augen und zeichne mit den Stiften, die Du Dir bereitgelegt hast, Dein Symbol, Deinen Schlüssel hier auf.

Er wird Dein persönlicher Öffner auf unserer magischen Reise sein! Bitte sei nicht verzweifelt, wenn sich Dir jetzt kein Bild offenbart hat, beginne einfach zu zeichnen! Ich bin mit Dir!

Dieses Symbol wird ab jetzt Dein persönlicher Schlüssel zu Deiner neuen Liebesrealität!

Das 1. Siegel

Nimm jetzt Deinen Schlüssel und öffne das erste Siegel. Stell Dir vor, Du öffnest jetzt eine Dir bisher verborgene Kammer Deines Herzens.
Das machst Du bei jedem der folgenden Siegel. Es offenbaren sich Dir dann wertvolle Wahrheiten.

Du bist selbst Gestalter/in Deiner Liebesrealität.

Was bedeutet das in der Praxis? Es bedeutet, dass Du die volle Verantwortung für Dein Leben und Deine Beziehungen hast. Das ist einerseits eine schlechte Nachricht, weil Du die Schuldfrage nicht mehr verlagern kannst, andererseits jedoch eine ziemlich gute Nachricht, denn wenn Du die Verantwortung für Dein Glück übernimmst, wirst du zum Schöpfer bzw. Schöpferin Deiner eigenen Liebesrealität. Sei Dir bewusst, dass Du die jetzige Lebens-/Liebessituation selber erschaffen hast und sie deshalb auch in jedwede Richtung verändern kannst.

Eröffnungsübung:

Sprich aus Deinem tiefsten Innersten folgenden Satz:

"Ich übernehme jetzt die volle Verantwortung für meine Schöpfung, für meine Gedanken, meine Worte und meine Taten."

Du führst Regie in Deinem Liebesfilm und spielst gleichzeitig die Hauptrolle. Und ich bin überzeugt, Du bist oscarverdächtig! Wenn Du glaubst, dass Dir eine höhere Macht Deine Erfahrungen beschert, wirst Du Dein Leben nicht selbst gestalten können. Du hast Dir, bevor Du auf diesen Planeten gekommen bist, eine Art Roadmap gemacht, die bestimmte Plotpoints beinhaltet (eine Plot im Drehbuch ist eine unerwartete Wendung, die Spannung erzeugt).
Bei dem Originaldrehbuch Deiner Seele sind auch diese Wendepunkte eingebaut. Sie sind nur dann dramatisch, wenn Du Dich weit von Deinem Seelendrehbuch entfernt hast. Was wir hier im Laufe dieses Buches tun werden, ist wieder zu Deinem ursprünglichen Script zurückzufinden! Klar, Du hast Dir einiges vorgenommen zu klären, dass muss erledigt werden, doch der Level innerhalb Deiner Roadmap ist sehr hoch. Also keine Angst, dass Du Limits in Deiner Liebesentfaltung haben könntest! There is still room for improvement ...

Glaubenssätze

Nachdem Du ja schon die Richtung festgelegt hast, geht es darum, sich im täglichen Leben sukzessive dieser Wirklichkeit anzunähern. Und zwar mit den richtigen Gedanken. Du bist sicher einer Meinung mit mir, das es schwierig wird, eine glückliche Rolle im Film zu spielen, wenn Du im Grunde deines Herzens denkst, Du seist nicht liebenswert. Deshalb werden wir in diesem Moment darüber reflektieren, wie es mit der Liebe zu Dir selbst aussieht. Was immer Du auf den Weg bisher mitbekommen hast, zeigt sich in der Beziehungsdynamik Deiner bisherigen Liebesbeziehungen. Was hat sich da abgespielt? Welche Denke über Dich könnte der Ursprung sein?

Nehmen wir ein Beispiel: Du kommst zu dem Schluss 'ich bin nicht liebenswert'. Es hat sich Dir aufgrund von vergangenen Erfahrungen eingeprägt. Jede Erfahrung, jedes Wort, jeder Gedanke wird in unseren Zellen gespeichert. Dementsprechend limitiert waren Deine Liebeserfahrungen. Das bedeutet, Du musst Dich wieder in ein Gefühl der Selbstliebe bringen. Wie dieser Glaubenssatz bzw. das Muster auch immer heißen mag. Wie können wir das? Indem Du wieder erkennst, was Du schon in Dir hast!

*Ich habe hier einige Auszüge von Übungen aus **liisalove** verwendet.*

liisalove Übung 1 - Liebestalente

Schreibe hier 10 Talente und Fähigkeiten auf, die Dich zu einem/r wundervollen Liebespartner/in machen:
Bsp: Ich bin sehr fürsorglich, ich kann gut kochen, ich bin ein Frauenflüsterer,...

1.

2.

3.

4.

5.

6.

7.

8.

9.

10.

Wow, siehst Du, was bist Du doch für ein Schatz!
Du kannst diese Übung als Free PDF-Dokument downloaden!

Mehr dazu kannst Du in einem liisalove profiling live erfahren! Anmeldung unter: www.crealiity..com

Das Vertschüssen von negativen Glaubenssätzen.

Hier auch noch ein paar Ideen für neue Glaubenssätze (sollte sich einer bei Dir auftun...):

Alter Glaubenssatz	**Neuer Glaubensatz**
Ich bin hart im Nehmen.	Ich bin weich im Geben.
Ich bin nicht liebenswert.	Ich bin sehr liebenswert.
Ich bin nicht gut genug.	Ich bin ein Juwel.
Ich bin hässlich.	Ich bin schön wie ich bin.
Ich bin dumm.	Ich bin ein Genie.
Ich bin unattraktiv.	Ich bin unwiderstehlich.

Um einen Glaubenssatz zu identifizieren, musst Du die Realität beobachten! Welche Muster sind bisher Deinen Beziehungen zugrunde gelegen? Was könnte der Glaubenssatz dahinter gewesen sein? Sei hier ehrlich zu Dir! Du kannst einen Glaubenssatz in 36 Sekunden, besser gesagt in 33,3 Sekunden, verabschieden. Nimm sicherheitshalber 36 Sekunden.

Merlistes Übung:

Mein(e) Süße(r), stell Dir jetzt bitte vor, wie Dein alter Glaubenssatz auf Deiner Stirn geschrieben steht. Jetzt nimm einen Radiergummi und radiere ihn von Deiner Stirn. Puste die Gummibrösel ins Universum. Nimm nun meinen imaginären goldenen Stift und schreibe Dir Deinen neuen Glaubenssatz auf Deine Stirn. Jetzt konzentriere Dich 36 Sekunden auf die Worte auf Deiner Stirn. Das kannst Du mit all Deinen Glaubenssätzen machen! Übrigens: mit meinem goldenen Stift hat Guinevere Artus in einem Liebesbrief ihre Liebe offenbart! Sie hat wirklich etwas getrickst!

Video Merlistes Glaubenssatz-Vertschüss-Übung
Diese Übung gibt es auch als Video unter www.derliebesmagnet/Übungen

Muster.

Im Verhältnis zu Glaubenssätzen sind Muster noch etwas tiefer eingegraben. Vergleichbar mit dem Gitterfaden auf einem Schinkenbraten. Wenn Du ihn vom Schinken runternimmst, hinterlässt er einen tiefen Abdruck im gesamten Schinken. Manchmal ist der Faden so tief eingegraben, dass er sich schon mit dem Fleisch verwoben hat. So ungefähr verhält es sich mit Mustern. Sie haben mit den Glaubenssätzen ein mächtiges neuronales Netzwerk gebildet, um von der Fleischersprache in die IT-Sprache zu wechseln. D.h. in Deinem System gibt es Begriffswolken zu Deinen Glaubenssätzen. Diese bilden einen machtvollen Cluster, der dann Deine Wahrnehmung entsprechend filtert und so Deine Realität gestaltet. Muster haben die unangenehme Gewohnheit, dass sie sich wiederholen. Und auch das Auffinden der Muster ist äußerst tricky. Du musst in Sachen Ehrlichkeit Dir selbst gegenüber die Mentalität eines Mossad-Verhörspezialisten haben. Denn was wie eine klares Muster erscheint, ist meist nur einer der Glaubenssätze. Muster dahinter sind viel perfider und selbstzerstörerischer, als Du Dir je gedacht hast. Es sind Themen, die Du Dir selber und freiwillig wohl nie eingestehen würdest. Doch wenn Du sie raus hast aus Deinem System, geht Dein Leben einen riesigen Schritt vorwärts.

Realitätsgestaltung und Schöpfung.

Viele große Kulturen mit enormen Wissen sind an einer Sache gescheitert, die zu ihrem Untergang führte - die Konkurrenz mit Gott. Sie traten in Konkurrenz mit der Schöpfung. Der freie Wille ist wohl die größte Prüfung hier, um diesen Aspekt zu testen. Die Menschheit schwankt zwischen Größenwahn und Selbsterniedrigung. Wir sind von Gott, aber wir sind nicht Gott. Ja, wir sind göttliche, ewige, erschaffende Wesen und kehren zu unserem Schöpfer zurück, der/die reine Liebe ist. Wir erschaffen Gott mit, wenn wir Liebe erschaffen. Das ist meine Meinung dazu.

"Morning has broken
Like the first morning
white bird has spoken
Like the first bird
You make my mornings."
  — Elvis G.

# Das 2. Siegel

Nimm jetzt Deinen Schlüssel und öffne das zweite Siegel.

Du hast bereits alles in Dir, Du bist vollständig, wie die Schöpfung Dich geschaffen hat.

Du trägst das gesamte Universum in Dir (ich bin z.B. ein Ulliversum...).

Wenn Dir klar wird, was das bedeutet, suchst Du nicht mehr im Außen nach etwas, was Dir fehlt. Du erwartest von einem Partner bzw. einer Partnerin nicht mehr, dass er oder sie Dich vervollständigt. Was nicht heißt, dass Dich jemand nicht ganz machen kann. Was es gilt, ist es, diesen Schatz in Dir wieder hervorzuholen. Dann gibt es den Schatz auch im Außen. Beschäftigen wir uns in diesem Kapitel mal mit Deinem Körper!

Unser Körper in der Liebesrealitätsgestaltung.

Unser Tempel, unser Gefäß speichert einfach alles. Deshalb ist es erforderlich, diesen Tempel wertzuschätzen und zu lieben. Regelmäßige innere Reinigung (natürlich auch äußerliche) ist hier notwendig. Wir tauchen täglich in die verschiedenen Realitäten anderer Menschen ein. Auch in deren Erwartungen an uns. Davon sollten wir uns spätestens vor dem Zubettgehen wieder lösen. Das können wir einerseits am besten durch duschen, aber auch die folgende Übung hilft dabei:

❦ Merlistes Übung:

"Stell Dir vor mein Schatz, Du stehst unter einem Wasserfall aus purpurfarbenen Licht, mach das ca. 1 Minute, dann stell Dir vor, das Wasser ändert seine Farbe in smaragdgrün, und dann ändert sich die Farbe in königsblau. Mach auch das jeweils für 1 Minute. Das reinigt den physischen, mentalen und emotionalen Körper."

Du kannst diese Übung als Free Audiodownload runterladen unter: www.derliebesmagnet/Übungen

Übung 2 liisalove - Kultkörper:

Schreib hier auch auf, was Du an Deinem Körper besonders magst bzw. liebst:
Beispiel: ich liebe meine vollen Lippen, ich mag meinen athletischen Körper,...

1.

2.

3.

4.

5.

6.

7.

8.

9.

10.

Schreibe jetzt auf, welche Qualitäten bzw. körperliche Merkmale Dir an einem Partner bzw. Partnerin gefallen würden bzw. gefallen? Wünsch Dir was ...

Beispiel: wenn er gut kochen könnte, wenn sie langes Haar hätte, ...

1.

2.

3.

4.

5.

6.

7.

8.

9.

10.

Du kannst diese Übungen als Free PDF-Dokument downloaden!

Jetzt schreiben wir noch einen Dialog in Deinem Drehbuch! Und zwar beziehst Du Dich auf die körperlichen Qualitäten, die Du selber hast und die Du Dir bei einem/r Partner/in wünschst! Zum Beispiel: Du hast aufgeschrieben, Du wünscht Dir einen Mann, der Dir tolle ehrliche Komplimente macht.

Beispiel: Der Dialog könnte so aussehen:

Er: Liebling, Du hast so wundervolle sinnliche Talente, ich kann nicht genug von Dir kriegen...
Du: Oh, Schatz danke für das Kompliment! Ich liebe Deine zärtlichen Hände ...
Er: Wie bin ich verwöhnt ... ich könnte mich daran gewöhnen ...
Du: Ja, dann tue es ...

Wie würde Dein Dialog mit Deinem Schatz aussehen? Schreib ihn hier auf!

Er/sie:

Du:

Er/sie:

Du:

Gewöhne Dir die Art der Sprache an, die Du mit Deiner/Deinem Liebsten sprechen willst!

*"Kiss kiss
Sweet mystery
Let's make history"*
       Elvis G.

Das 3. Siegel

Nimm jetzt deinen Schlüssel und öffne das dritte Siegel.

Beanspruche für Dich dauerhaftes Glück.

Das Glück ist kein Vogerl, das ab und zu vorbeifliegt und Dir auf den Kopf kackt. Es steht Dir als Kind der Schöpfung zu, dauerhaft und konstant glücklich zu sein. Du musst es nur aus Deinem tiefsten Innersten einfordern. Befassen wir uns in diesem Kapitel wieder mit dem Thema Selbstliebe!

Keiner liebt mich!

Vielleicht fühlst Du Dich gerade so, als ob alle um Dich herum glücklich sind außer Dir. Bevor Du in diesem Gefühl ertrinkst, bedenke einige Dinge, nämlich:

- Dein gesamter Körper liebt Dich. Deine Wirbelsäule trägt jeden Tag Deinen Kopf. Deine Herz leistet jeden Tag Höchstleistungen für Dich, wie auch alle anderen Organe, ebenso Deine Gliedmaßen.

- Du wachst jeden Morgen immer wieder neu auf.

- Das gesamte Universum hat ein unglaubliches Szenario für Dich geschaffen! Die Vögel singen ihr Lied für Dich, der Himmel hat sein Blau nur für Dich kreiert, die Farben der Pflanzen sind für Deine Augen bestimmt, die Düfte der Blumen sind für Deine Nase bestimmt, hörst Du das Rauschen der Blätter im Wind?

– Siehst Du, wie die Blätter von den Bäumen wirbeln? Wie schön glitzert der Tau, wenn die Morgensonne ihn durchdringt? Und das jeden Tag! Nur für Dich!

Wie sehr muss jemand geliebt werden, wenn ihm solche Geschenke zuteilwerden? Und das täglich! Bitte vergiss das nie, auch nicht in Deiner dunkelsten Stunde.

Vom Unterschätzchen zum Schatz.

Selbstliebe - ja was ist das eigentlich?
Oft gelesen, oft gehört ... ich habe für mich erforscht, was es eigentlich wirklich bedeutet. Es handelt sich nicht um Egoismus, sondern um die Fähigkeit, zu erkennen und zu spüren, was meinem Körper, meinem Geist und meiner Seele wirklich guttut - und dementsprechend auch Handlungen zu setzen. Das wäre der Optimalfall. Dann wird mein Leben in einem Fluss sein. Die Fähigkeit zu spüren, wie wir uns wirklich fühlen, muss oft wieder erlernt werden. Sie ist zugeschüttet mit Konzepten der Angst und zeigt sich in Glaubenssätzen, die uns nicht gut tun. Davon müssen wir uns befreien, um wieder fühlen zu können, was wir wirklich fühlen. Auch Erwartungshaltungen und etwas unbedingt wollen, verhindern ehrliche Gefühle. Im Hawaiianischen gibt es einen Raum im Universum und in uns, der nennt sich Uli (ich liebe es). Es ist der Raum des Gleichgewichts und der Wahrheit in uns.

Wir müssen den Zugang zu diesem Raum wieder finden. Dort liegt unsere Wahrheit, unser Schatz vergraben. Der Schlüssel zu unserem Glück. Versuche, diesen Platz in Dir zu entdecken! Nur was wahr ist, gestaltet die Realität. Alles Unwahre hält nur die Illusion aufrecht, die letztendlich nur in die Rue de la Gack führt, also in die Straße der Pein..
Der Lerneffekt tritt im besten Fall rückwirkend ein. Gedanken wie 'ich hab's eh gewusst', kommen Dir vielleicht bekannt vor.

Positiv und Negativ.

Das gesamte Universum wird von einer Kraft der Mitte/Balance zusammengehalten. In der Realitätsgestaltung ist sehr wichtig, dass Du weißt, dass es universell betrachtet vier Achsen rund um diese Mitte gibt. Auf der einen Seite: Balanciertes Positives und auf der anderen Seite balanciertes Negatives. Was bedeutet das? Positives ist klar. Ein Beispiel für balanciertes Negatives wäre z.B. heiliger Zorn, d.h. Du stehst für etwas ein, das richtig ist. Sind diese beiden Achsen im Gleichgewicht läuft alles wunderbar. Sowohl universell betrachtet als auch in Deinem Leben. Doch gibt es auch das unbalancierte Positive und das unbalancierte Negative. Was bedeutet das? Ein Beispiel für das unbalancierte Positive wäre jemand, der alles immer nur positiv sieht, obwohl längst ein kleiner 'heiliger Zornausbruch' vonnöten wäre.

Gibt es zuviel davon, verflüchtigt sich das Positive nach oben spiralförmig in den Äther. Beim unbalancierten Negativen wird der heilige Zorn zu Hass, blinder Wut, Gier, Neid - gibt es zuviel davon, zieht es alles spiralförmig nach unten. Deshalb immer schön im Gleichgewicht bleiben. Denn die kosmischen Kräfte versuchen immer ein Gleichgewicht herzustellen zwischen all diesen Kräften. Also, idealisiere niemanden.

Gib jemanden nur so viel Macht, wie Du Dir selbst gibst!!! Sonst wirst Du irgendwann mal ein Grottenolmdasein führen. Gerätst Du aus Deiner Mitte, suche diesen Platz wieder in Dir.

Free Audiodownload Übung 'Garten der Mitte' unter www.derliebesmagnet/Übungen.

Übung 3 liisalove - Vergebung:

Denke nach, wem Du noch nicht vergeben hast. Entrümple die Kammer Deines Herzens von diesem Müll. Sonst wird dieses Thema in Deiner nächsten Beziehung wieder ein Thema. Du vergibst Dir am Ende selbst.

Schreibe hier nun mindestens drei Personen auf, mit denen Du noch nicht im Frieden bist, samt einer Qualität, die Du an dieser Person wertgeschätzt hast.

Beispiel:
Hans, Ex-Partner, guter Vater unserer Kinder

1.

2.

3.

4.

5.

6.

7.

8.

9.

10.

Im Teil 2 dieser Übung halte Dir nun Deine letzten Beziehungen vor Augen. Schreibe Dir die Namen Deiner Expartner/innen auf und überlege Dir, welche Qualität Dir diese Person im Rahmen eurer Beziehung geschenkt hat und welche Qualität Du dieser Person geschenkt hast.

Beispiel: Johann/Stabilität - ich/Fürsorglichkeit

1.

2.

3.

4.

5.

6.

7.

8.

9.

10.

Bedanke Dich bei jedem und auch bei Dir.

Diese Übungen kannst Du als Free PDF-Dokument downloaden!

"Yes my lovely tenderesse
Pink is beautiful
also red
White and Blue
if it is you".
   Elvis G.

# Das 4. Siegel

Nimm jetzt Deinen Schlüssel und öffne das vierte Siegel.

Gib Erwartungshaltungen auf.

Sie sind es in Wahrheit, die uns am Glück hindern und den Fluss des Lebens unterbrechen. Wir möchten alles unter Kontrolle haben und dessen Basis ist die Angst, die uns letztendlich in die Bedürftigkeit führt. Würden wir alles loslassen, woran unser Verstand verzweifelt hängt, könnten wir die Früchte der Schöpfung sofort ernten. Aber das ist meist nur in Etappen möglich. Wir würden auch eines erreichen, nämlich Unwiderstehlichkeit!
Merke Dir eines: Dein Partner ist nicht dazu da, Deine Bedürfnisse zu erfüllen! Wenn er/sie es macht, dann ist es ein wunderschönes Extra. Mit dieser Haltung wird Dein Liebesleben viel entspannter und eigenverantwortlicher ... und voll mit netten Überraschungen. Und als kleines Extra wirst du, wenn du eine Frau bist, von einer tickenden Zeitbombe zur wahren Sex- bzw. Sinnlichkeitsbombe.

Der Loreley-Faktor – Unwiderstehlichkeit.

Vielleicht hast Du Dir manchmal gewünscht, egal, ob Mann oder Frau, dass Du unwiderstehlich bist. Wie eine Sirene! Hast Du vielleicht schon erlebt, dass, wenn Du etwas unbedingt wolltest, Du es partout nicht bekommen hast? Wenn Du es endlich losgelassen hast, es schon ad acta gelegt hast – schwups, plötzlich war es da! Es war Dir egal geworden, ob Du es bekommst! Das ist das Geheimnis der Verwirklichung unserer Träume! Denn vorher hattest Du eine sogenannte 'Anhaftung'.

Wenn es Dir gelingt, die Anhaftung loszulassen, machst Du den Weg frei zur Verwirklichung.
Du wirst Dich fragen, warum soll ich etwas, dass ich unbedingt will, loslassen? Manchmal hängt es nicht nur von Dir ab. Du kannst letztendlich nicht wissen, was Deine Seele wirklich für Dich vorgesehen hat oder wie das Drehbuch einer anderen Person gestaltet ist. Du hast ja nur einen Ausschnitt der universellen Realität, nämlich Deinen Ausschnitt. Wenn Du loslässt, legst Du das Vertrauen wieder in die Weisheit und Güte der Schöpfung. Wir haben hier auf diesem Planeten ja den freien Willen. Doch der Clou ist, wenn wir loslassen, lassen wir damit den freien Willen für Gott los. Was dazu führt, dass wir am Ende 'die Kröte nicht mehr schlucken müssen'. Die Schöpfung ist wie unser Ewiger Vater und unsere Ewige Mutter, die eine weitere und weisere Sicht über die Auswirkungen unserer Wünsche hat. Manchmal greifen wir wie Kinder auf die heiße Herdplatte, obwohl wir es nicht müssten. Wenn Du das begreifst, bist Du wirklich frei! Und diese Art von Freiheit wirkt wie ein unwiderstehlicher Anziehungsfaktor. Jeder wünscht sich Freiheit, die Wahl der freien Entscheidung. Wenn Du anhaftest, egal woran, suggerierst Du auch immer, dass etwas fehlt. Was unnatürlich ist, denn in der Schöpfung fehlt nichts. Du siehst es nur noch nicht bzw. Du hast es noch nicht erschaffen. Und das erzeugt immer mehr eine unattraktive Bedürftigkeit. Das Gegenteil von Unwiderstehlichkeit. Wenn Du loslässt, bist Du wieder ganz.

Das wirkt unheimlich anziehend. Je mehr Du erkennst, wie reich Du bist, desto anziehender wirkst Du auf andere.

Also, lass los und vertraue! Ich weiß, manchmal will man etwas/jemanden unbedingt haben, aber je mehr Du übst, desto größer wird Dein Vertrauen in die Schöpfung der Fülle.

Das gewisse Extra.

Der gesamte Fluss des Universums basiert auf diesem Extra. Dem Extra an Engagement, dem Extra an Liebe. Wenn Du immer nur das machst, was Du ohnehin machen musst und freiwillig nie mehr gibst, dann wird sich in Deinem Leben auch nicht mehr bewegen. Die Extras, die keiner von Dir verlangt, sind es, die Deiner Seelenverwirklichung zu Gute kommen und Dich unwiderstehlich machen. Der Liebesfluss des Universums wäre ausgetrocknet, wenn niemand Extras geben würde. Reflektiere darüber, wie viele Extras Du in Deinem Leben machst? Überlege Dir bei jeder Handlung, wie das Extra dazu aussehen könnte. Werde zu Deinem Extra-Du!

⚓ *Loreley's Tipp: (Merlistes Freundin, die Meerjungfrau)*

„Als Meerjungfrauen beherrschen wir natürlich den Ruf der Sirenen (er ist mittlerweile gesetzlich verboten, er ging ja nicht so gut aus für Seefahrer ... wir mussten ihn etwas adaptieren.). Fakt ist: wir wissen, wie man etwas herbeiruft und das Herbeigerufene auch dem Ruf folgt!
Ich habe aus meinem Muschelkästchen geplaudert und Dir eine Zeremonie verraten, wie Du etwas oder jemanden herbeirufen kannst."

Download Video 'Loreleys Ruf an Deine/n Seelenpartner/in unter www.derliebesmagnet/Video Blümchensexvideo

Auch Merliste hat noch eine Übung für Dich!

❀ *Merlistes Übung:*

*Überlege, ob es etwas oder jemanden gibt, an das/an dem Du anhaftest? Lass es los und vertraue, wenn es für Dich bestimmt ist, wird es ohnehin zu Dir finden!
Urgh ... schreib hier auf, woran oder an wen Du anhaftest!
Von wem erwartest Du etwas und was?*

Beispiele: ich erwarte von S., dass er mich besonders behandelt, ich will, dass Michi mich unbedingt liebt...

1.

2.

3.

4.

5.

6.

7.

8.

9.

10.

Schreibe Deine Drehbuchszene zur Unwiderstehlichkeit. Beispiel:

"Ulli tritt gerade ins Foyer des Beverly Hilton Hotels. Sie sieht fantastisch aus und alle Blicke folgen ihr. Der berühmte Regisseur aus Hollywood wartet schon in der VIP-Lounge des Hotels. Sie sieht ihn schon von Weitem. Wer sitzt da neben ihm, fragt sie sich. Nein, er sieht aus wie Alexander Skarsgard. Mein Gott, es ist Alexander Skarsgard. Ulli wird etwas nervös. Endlich beim Tisch der beiden ist der schwedische Schauspieler hingerissen von Ullis Erscheinung. Das fühlt sich gut an...."

Wie sieht Deine Drehbuchszene der Unwiderstehlichkeit aus?

".......

Hier noch ein Zauberspruch aus Merlistes Buch, um unwiderstehlich zu sein:

*"Erde, Feuer, Wasser, Licht
hinweg der Nebel Schleier bricht,
Sogleich der Sirenen Schein tritt ein,
mögest Du Ulli (Dein Name) ab sofort
unwiderstehlich sein!"
Abrakadabra*

Wiederhole ihn 3x!

P.S.: bei mir hat er total gewirkt, jede obdachlose Mieze im Ort findet ihren Weg zu mir...

"I see a cloud of gentle energy
I see your beauty
Feel the gentleness of your spirit
Remember all that we shared
And enjoyed our sweet
Connection"
Elvis G.

 Das 5. Siegel

Nimm jetzt Deinen Schlüssel und öffne das fünfte Siegel.

Behandle andere wie Du selbst behandelt werden möchtest.

Das ist das Goldene Gesetz des Universums. Wie wir andere behandeln, behandeln wir uns letztendlich selbst. Andere Menschen spiegeln nur uns selbst. Was Du an Deinem Partner nicht magst und bekrittelst, sind Qualitäten, die Du an Dir selber entweder nicht magst und versteckt hast oder Qualitäten, die Du in einem Übermaß oder gar nicht lebst. Dinge, die Du nicht verzeihst, wirst Du immer wieder selber bezahlen müssen.

Komplimente.

Wie oft machst Du jemanden ehrliche Komplimente? Wie oft bekommst Du Komplimente? Fällt es Dir leicht, jemanden Komplimente zu machen? Beantworte Dir ehrlich diese Fragen! Denn diese Fähigkeit sagt viel darüber aus, ob Du Dich selber wertschätzen kannst. Bis Du dies wieder mit Leichtigkeit kannst, hat Merliste für Dich eine sehr kraftvolle Übung.

Merlistes Übung:

Mache in den nächsten zwei Wochen mindestens 3x am Tag jemanden ein ehrlich gemeintes Kompliment und beobachte, was passiert ...

Kommunikation.

Kommunikation ist neben Wertschätzung die wichtigste Qualität in einer funktionierenden Partnerschaft jedweder Art. Wer nicht kommuniziert, verliert. Angst vor Zurückweisung, vor Verlust, etc. halten uns oft davon ab, Dinge auszusprechen. Wir gehen oftmals davon aus, dass der Partner bzw. die Partnerin schon mitbekommt, was Sache ist. Sofern dein Liebster oder deine Liebste kein Hellseher ist, ist dies nicht der Fall. Die Wahrheit macht tatsächlich frei. Entwickle eine Wertschätzungs-Kommunikationskultur, keine Vorwurfssprachkultur. Vermeide es, einen Satz mit 'du hast das...gemacht oder du bist schuld dass...' zu beginnen. Sondern beginne mit 'in dieser Situation habe ich das...empfunden'. Gib auch das Bedürfnis, immer 'Recht haben zu wollen' auf, auch wenn du tatsächlich im Recht bist.

Das gesprochene Wort.

'Und das Wort fiel hinab wie ein Mantel, der ihn umhüllte,' heißt es so wunderbar in der Bibel. In welchen Mantel bist Du gehüllt? Bist Du umhüllt von einem schäbigen grauschwarzen löchrigen Mantel oder in einen wunderschönen goldenen, mit Rosen bestickten Mantel? Das gesprochene Wort formt unsere darauf folgende Realität. Es ist unser Mantra, unsere Programmierung unserer zukünftigen Liebesrealität. Beobachte, wie Du Deine Zukunft programmierst. Verwendest Du oft Floskeln wie 'das wäre ja zu schön gewesen, wenn es geklappt hätte ....'. Es wirkt wie ein Zauberspruch.

Überlege Dir ein Liebesmantra, das für Deine neue Liebesrealität gilt.

Beispiel:
Ich bin jetzt bereit für eine wundervolle Liebesbeziehung.

Schreibe es dreimal auf und füge das Wort 'Abrakadabra' hinzu. Es wirkt dann wie eine Zauberformel. Du kannst es auch aufmalen oder ausdrucken und in einen schönen Rahmen geben und an einem schönen Platz in Deiner Wohnung positionieren.

Mein Liebesmantra:

....
....

Abrakadabra.

Abrakadabra.

Wir lernen diesen Zauberspruch schon im Kindesalter. Hier handelt es sich wirklich um einen alten hebräischen Zauberspruch! Verwende ihn achtsam!

"I wrap you in my arms
Hold you in my heart
Kiss you in your dreams
Love you all through the night"
       Elvis G.

Das 6. Siegel

Nimm jetzt Deinen Schlüssel und öffne das sechste Siegel.

Das Ewige Jetzt ist der goldene Augenblick der Kreation.

Gehen wir grundsätzlich davon aus, dass nur das Jetzt existiert. Die Vergangenheit ist Geschichte und die Zukunft ist noch nicht passiert. Durch den Faktor Zeit glauben wir, dass es aber doch real ist. Doch der einzige Moment, der wirklich real ist, ist die Gegenwart, das absolute Jetzt. Der absolut einzige Moment, in dem Du Deine 'Zukunft' kreieren kannst. Es gibt keinen anderen Moment als das JETZT. Der Moment ist golden. Er ist ewig. Doch wo bist Du in diesem Moment? Bist Du in der Vergangenheit? Bist Du in der Zukunft? Oder erfasst Du gerade diesen goldenen Moment in seiner ganzen Pracht der Schöpfung? Nämlich der Pracht der ewigen Schöpfung und der Pracht Deiner Schöpfung. Es gibt im Vaterunser die Stelle: ...und führe uns nicht in Versuchung ... es müsste heißen: und führe uns in dem was wir selbst kreiert haben! Oder 'ich wandle in Anmut in der Realität, die ich erschaffen habe'. Frage Dich, ob Du Zuhause bist in Deiner eigenen Schöpfung? Bist Du in der Lage, mit all deinen Sinnen das Jetzt zu erfassen? Oder lebst Du im Handy-Jetzt? Ich weiß, es ist verdammt herausfordernd, nicht ständig in Realitäten bzw. Filme anderer hineingezogen werden. Jeder hat Dir eine Rolle zugedacht in seinem Drama. Doch die größte Freiheit und Liebe, die Du Dir und anderen schenken kannst, ist es, andere Menschen aus den Rollen, die Du ihnen zugedacht hast zu befreien, zu erlösen.

Das befreit sowohl sie, ihr volles Liebespotenzial, als auch Dich und Deines. Solange Du glaubst, jemand sei schuld an Deinem Dilemma, hast Du eine Schurkenrolle kreiert. Opfer sein ist doof...

Goldene Momente – Zellekstase.

Du kennst sicher diese einmaligen Momente, von denen Du Dir wünscht, sie würden ewig währen. Doch Du kannst sie nicht festhalten, sie sind Dir vom Universum geschenkt. Es sind Momente von Erfahrungen, die außergewöhnlich sind. Ich möchte einen dieser Momente mit euch teilen. Es begab sich Folgendes: ich wachte vor einigen Jahren morgens auf und fühlte mich unglaublich gut, besonders auf einer körperlichen Ebene. Es war, als ob sich jede einzelne meiner Zellen in einer Ekstase befand. Ich glaube, dass das der Zustand des Körpers ist, den die Schöpfung ursprünglich für uns vorgesehen hat - fortwährende Zellekstase. Wie kann ich es noch besser beschreiben? Es war, als ob alle Zellen in meinem Körper tanzen würden. Ich hatte nichts dazu beigetragen, oder eine Droge geraucht. Es war einfach das Aufzeigen einer Möglichkeit des körperlichen Befindens. Wie ging es weiter? Nun, ich kleidete mich an, ich trug einen grünen knielangen Rock und ein rotes T-Shirt. Ich verließ meine Wohnung, ging zur Haltestelle und wartete auf die Straßenbahn. Ihr könnt euch nicht vorstellen, was sich abspielte. Denn offenbar hatte diese Zellekstase auch eine Außenwirkung.

Ich produzierte beinahe eine Massenkarambolage, denn die vorbeifahrenden Autofahrer waren dermaßen fasziniert von meinem Erscheinungsbild, dass sie beinahe ineinander fuhren. Jeder starrte mich an. Ich bin natürlich auch sonst eine süße Schnitte, aber das war außergewöhnlich! Ich glaube, es hielt einige Stunden an!

Es hat mich nicht losgelassen und ich habe natürlich im Laufe der Jahre, immer wieder versucht, diesen Zustand wieder zu erreichen.
Am nächsten kam ich ihm beim Blümchensex 9.0 (das achte Siegel, nicht vorblättern ...). Ich glaube auch, dass Dir diese Momente beschert werden, wenn Du völlig leer bist, um sie aufzunehmen und geistig nicht vollgepfropft mit der Vergangenheit oder mit der Zukunft bist.

Die Kraft der Entscheidung.

Ich möchte Dir ein praktisches Beispiel dazu geben, das mir gezeigt hat, wie sich die glasklare Entscheidung auf die Realität auswirkt.

Also, ich hatte vor Jahren eine sehr schöne Wohnung in der Nähe der Wiener City und zahlte auch eine dementsprechend hohe Miete. Es war Winter und es war trotz voll aufgedrehter Heizung kalt in dieser Wohnung. Ich saß auf meiner Couch, fror und ärgerte mich, dass ich in dieser teuren Wohnung saß und fror.

In diesem Moment fasste ich in meinem tiefsten Innersten den Entschluss 'nein, nicht mit mir, das ändert sich jetzt!' Nachdem ich diesen Entschluss gefasst hatte, passierte etwas Außergewöhnliches! Ich stand plötzlich auf, bewegte mich ins Badezimmer, stand vor der Therme, klappte einen Deckel herunter, von dem ich bis dato gar nicht wusste, dass er überhaupt existiert. Darunter befand sich ein Drehknopf mit sieben Stufen, das war wohl der Heizungsregler, er war auf Stufe 1.

Kein Wunder dass es kalt war, ich drehte auf Stufe 7 und flugs, in zehn Minuten war die Wohnung wohlig warm. Dieses simple Beispiel zeigte mir auf, wie kraftvoll die reine und volle Entscheidung die Realität in der nächsten Sekunde verändern kann.
Wenn wir wirklich aus tiefster Seele bereit sind, etwas zu verändern, wird das Universum uns die Lösung aufzeigen! Stellt sich die Frage, warum verändern sich manche Situationen trotzdem nicht, obwohl wir es uns so sehr wünschen? Ganz einfach: weil wir es uns nicht so sehr wünschen! The awful truth würde Michael Moore sagen ... es wirkt oft nur, wenn der Leidensdruck bereits enorm hoch ist, wie auch in meinem Fall. Es gilt, daran zu arbeiten, den Weg abzukürzen und das Leiden gleich wegzulassen, indem wir klar entscheiden, dass konstantes Glück für uns vorgesehen ist. Du programmierst Dich entweder ständig neu durch positive Gedanken Dir selbst und anderen gegenüber oder Du

entscheidest Dich im tiefsten Inneren zu einer sofortigen Änderung. Das erfordert manchmal Mut, den wir in diesem Moment vielleicht nicht haben. Ist auch in Ordnung. Gib Dir die Zeit, die Du brauchst. Aber wisse, es geht auch sofort.

❦ *Merlistes Übung:*

Liebes Schatzi, überlege Dir jetzt, ob Du eine wichtige Entscheidung treffen möchtest, Dein Liebesleben betreffend. Wenn Du nicht bereit bist, diese Entscheidung aus tiefster Seele zu treffen, ist diese Übung nicht wirksam. Was könnte es sein, was zutiefst in Dir rumort?

Schreibe hier auch Deine Drehbuchszene des Jetzt.
Was könnte in Deinem Liebesdrehbuch gerade jetzt passieren, wenn Du diese wichtige Entscheidung getroffen hast?

Beispiel:

"Szene Küche. Aufblende. Ulli hantiert gerade in der supergemütlichen Küche in einer gelb/ Holzkombination. Die Kochinsel ist voll mit Gemüse. Sie bereitet gerade ein sinnliches Menü. Mit Merlistes Kräutermix gewürzt. Es läutet an der Tür. Sie öffnet aufgeregt. Da steht er. Der blonde Schwede in voller Größe. Alter Schwede ... es bringt ihr blood for true in Wallung ... er gibt ihr einen Kuss auf die Wange, der hoffen lässt und haucht ein sexy 'hello love'."

Was passiert bei Dir gerade in Deiner Szene?

"................

"Sunshine
The earth says hello
Waking in dreams
Walking in bliss
One more kiss
Before I go
Did you feel
Me loving you"
    Neil Young

 Das 7. Siegel

Nimm jetzt Deinen Schlüssel und öffne das siebte Siegel.

Trennung ist eine Illusion.

Das sind die guten Nachrichten. Bei all den Dramen, die sich rund um Trennungen, Scheidungen mitunter abspielen, solltest Du nur Eines bedenken: Wenn ich einen Menschen wirklich liebe, dann gibt es keine Trennung. Allenfalls eine Veränderung der Lebenssituation. Der Umgang mit dieser Veränderung ist von großer Bedeutung in der Beziehung mit dem nachfolgenden Partner. Denn bedenke: wie kann ich jemanden geliebt haben, den ich im nächsten Moment hasse? Eine 'Trennungssituation' ist nur gelöst, wenn sich alle Beteiligten in einer fairen Position befinden. Gibt es eine/n 'Verlierer/in', wird diese Situation ihren Tribut fordern. Deshalb ist hier ein sensibler Umgang und Heilarbeit sehr vonnöten. Der Umgang mit Trennungen erzeugt in unserer Gesellschaft unnötigen Schmerz und Instabilität innerhalb einer Gesellschaftsstruktur. Wenn wir verstehen, dass Trennung die größte Illusion in der Matrix ist, um uns durch Urteil, Konkurrenz, Besonderheit, ... von der Liebe und der Einheit abzuhalten, wird unser Leben mehr von Liebe gefüllt sein.

Schuld ist ein Luxus, den Du Dir nicht leisten kannst.

Nochmals Vergebung. Schuld ist ein Luxus, den Du Dir nicht leisten kannst. Es heißt nicht, dass Du alles hinnehmen musst, was Dir andere hinwerfen. Sprich es an. Lass es Dir nicht gefallen. Dann kneif Deinen Hintern zusammen und geh vorwärts.
Schuld bedeutet immer Bindung an etwas. Wenn Du schon an etwas gebunden sein willst, dann lies '50 shades of Grey'. Du nimmst das Schuldpaket mit in eine neue Beziehung, wenn Du es dem kosmischen Boten nicht zum Versand in die kosmische Recyclingstation mitgibst. Vielleicht ergießt es sich ja als Dünger der Erkenntnis über Dich!

Seelenpartner.

Was ist ein Seelenpartner überhaupt? Was macht einen Seelenpartner aus? Es ist jemand, den wir schon ewig zu kennen glauben. Wir begegnen im Laufe unserer Inkarnationen Menschen bzw. Seelen, denen wir in anderen Leben wieder begegnen. Mit manchen haben wir schon viele Inkarnationen erlebt. Sie waren unsere Kinder, unsere Ehemänner und Ehefrauen, unsere Eltern, ... d.h. sie waren auch körperlicher Teil von uns und wir von ihnen. Und das oft mehrmals. Deshalb ist eine Wiederbegegnung mit diesen Menschen oftmals sehr tiefgreifend und berührend.

Es erzeugt das Gefühl, als ob wir jemanden schon ewig kennen. Was ja auch tatsächlich der Fall ist. Wir haben mit diesen Menschen eine karmische Verbindung. Manchmal eine Verstrickung, die gelöst werden muss. Der berühmte Seher Edgar Cayce (der schlafende Prophet) konnte in seinen Sitzungen sehr klar sagen, ob Menschen mit diesen karmischen Verbindungen im aktuellen Leben als Partner füreinander gedacht waren. Sehr oft trifft man auf solch eine Person, ist total geflasht und will alles liegen und stehen lassen, man ist vielleicht verheiratet.

Oft ist es gar nicht vorgesehen, dass man mit der wiedergetroffenen Person eine Liebesbeziehung lebt. Doch die Emotionen und die Erinnerungen sind meist überwältigend.

Der Eine/die Besondere.

Ich glaube, dass diese Haltung den meisten Schmerz in der Gesellschaft verursacht. Wir 'hängen' unser ganzes Glück an eine Person. Somit sagen wir dem Rest der Welt 'Du bist nicht so wertvoll' ... warum eigentlich? Warum brauchen wir das 'Besonders sein'? Ich glaube, dass sich unsere Gesellschaft in eine Richtung bewegen sollte, in der diese Exklusivität zugunsten einer Einheit mit Allem aufgegeben werden muss. Ich spare mir die Liebe nicht auf, bis der Märchenprinz daherkommt,

sondern ich beginne die vielen Frösche in meiner Umgebung zu lieben, die in Wahrheit alle Prinzen sind. Das ist das Glück des Augenblicks.
Was nicht heißt, dass wir mit jedem/jeder Sex haben sollen und komplett 'unabhängig' sein sollen. Es geht um das rechte Maß an Sicherheit und Stabilität auf der einen Seite und Freiheit in der Liebe zu anderen Menschen auf der anderen Seite. Entweder ich bin ein liebender Mensch oder nicht.

Spiritueller Elitismus oder Assholys.

In den letzten 30 Jahren habe ich sehr viele Menschen kennengelernt, die sich mit Bewusstseinsentwicklung befassen. Ich könnte ein ganzes Kabarettprogramm darüber inszenieren.
Gerade in diesem Sektor sind die Auswüchse des Ego oft schon bizarr. Es liegt hier natürlich auch die Falle drinnen. Viele Menschen entdecken an sich besondere Fähigkeiten wie z.B. die Fähigkeit zu heilen, hellzusehen, zu channeln, etc. Es legt natürlich nahe zu glauben, man wäre jetzt ‚besonders' bzw. 'auserwählt'. Es ist die Falle des 'spirituellen Elitismus'. Bestimmte Menschengruppen sehen sich selber als 'erwacht' und die anderen als 'schlafende Masse'. Das sind wahrlich trennende Gedanken und Urteil pur. Du magst besondere Fähigkeiten haben, aber wenn Du Dich wertvoller siehst als jemand anderen, dann hat sich Deine spezielle Fähigkeit in Arroganz verwandelt.

Einer der besten Heiler die ich kenne, würde sich selbst niemals als Heiler bezeichnen. Er bezeichnet sich als 'Facilitator'. Es handelt sich hier nicht um falsche Bescheidenheit, sondern um Demut.
Die Arroganz des spirituellen Elitismus sollte wieder in Mut verwandelt werden. Denn wer bestimmt überhaupt, wer spirituell ist und wer nicht ? Wenn mir jemand sagt, diese Person ist ein besonders spiritueller Mensch, spüre ich schon Würgereflexe im Hals ... Es braucht Menschen, die ihre speziellen Fähigkeiten gemeinsam für ein friedvolles Zusammenleben aller einsetzen. Das Wort Liebe wird oft verwendet, doch nur in Aktion handelt es sich wirklich darum und verwandelt sich in Güte.

Unabhängigkeit und Freiheit.

Es ist nicht das Gleiche, ob ich unabhängig bin oder frei. Unabhängig kann ich sein, wenn ich genügend Geld habe.
Frei bin ich in meinem Herzen und in meinem Geist, auch wenn ich monetär betrachtet sehr wenig besitze. Das Streben nach Unabhängigkeit ist einer Beziehung auch nicht förderlich. Denn ich bewege mich von meinem Partner weg anstatt auf ihn zu. Unser ganzes Leben besteht aus Abhängigkeiten. Wir sind abhängig vom Bäcker, vom Schneider, vom Straßenbahnfahrer, vom Vermieter, vom Installateur, ... endlos. ‚People who need people are the luckiest people in the world'.... unsere Seele strebt Einheit an.

Die Wiedervereinigung mit Allem. Unsere Gedanken sind unsere größten 'Trenner'. Liebe kann nur in einer Verbindung existieren. Beobachte Deine Gedanken, trennen sie gerade oder verbinden sie Dich?

Die Illusion des Mangels.

Die nächste Illusion! Verknappung ist ein bewusst künstlich erzeugtes Phänomen unseres geistigen Bewusstseins. Es ist eine Frage der Verteilung und der Logistik, die Schätze dieses Planeten gerecht auf alle zu verteilen. Natürlich erfordert es auch den Mut der Menschen, alte Systeme, die nur wenigen dienen, nicht mehr zu akzeptieren und zu verändern. Je freier die Menschen in ihrem Herzen werden, desto weniger überlassen sie den Raum jenen, die Macht und Kontrolle ausüben möchten. Es beginnt bei Dir!
Stell Dir vor, was für Möglichkeiten für jeden Menschen entstehen, wenn das gesamte Potenzial der Menschheit nutzbar gemacht wird! Wir begreifen, dass wir selber das Kapital sind. Die Kraft findet wieder ihren Weg zu uns zurück, wo sie hingehört.

Es hat nicht sollen sein.

Sagst Du Dir das manchmal, wenn etwas nicht geklappt hat? Dieser Spruch hindert Dich daran, die Lernkurve zu nehmen.

Oft hätte es sein sollen, allerdings hast Du vielleicht einen Fehler gemacht. Um diesen Fehler nicht noch einmal zu wiederholen, ist es besser, diesen Satz ein für alle Mal zu verabschieden. Er verleitet zur Abgabe der Verantwortung, denn nur Du kreierst Dir Deine Realität!

Liebeskummer.

Liebeskummer, oh ich könnte Bücher darüber schreiben ... wer hat dieses finstere Tal noch nicht durchwandert ... ich gebe Dir hier keine Tipps, wie Du ihn vermeiden kannst, denn dann würdest Du Dich nicht mehr auf die Liebe einlassen. Manchmal passiert es einfach ... auch wenn wir alle Regeln beachten, manchmal trifft uns dieses Los ... es sind Erfahrungen ... wie ich Dir hier weiterhelfen kann, ist: wie können wir uns wieder aufpäppeln?

Was passiert energetisch bei Liebeskummer?

Wenn wir mit Menschen nicht nur körperlich, sondern auch emotional und geistig eine Verbindung eingegangen sind, dann vermischen sich unsere Energiefelder. Wir werden sozusagen eins, ein Körper. Wenn wir uns wieder voneinander lösen, lösen sich die Körper wieder voneinander. Der Verlust des emotionalen Feldes verursacht den meisten Schmerz. Es entsteht ein Loch, eine Leere, die durch den Verlust dieses emotionalen Teils verstärkt wird. Deshalb hilft es, diese Ganzheit, diese Mitte zumindest körperlich wieder zu finden. Kräuter sind sehr hilfreich, die eigene Mitte, die Wurzeln, das Herz und auch die Nieren wieder aufzubauen. Nachfolgend Merlistes Kräutermixe!

 *Merlistes Rescue-Mixturen:*

Aufbau des Herzens:

Dein Herz braucht jetzt Stärkung. Auch die Hl. Hildegard war ein Fan von **Galgant**. Besorge Dir das Pulver und mixe es in Deine Speisen, Dein Müsli, Dein Smoothie oder trinke es mit warmen Wasser.

Aufbau der Mitte:

Komme wieder in Dein Zentrum. Alle Kräuter, die Milz und Magen stärken sind hilfreich, wie zum Beispiel **Kurkuma und Curry**. Dein Mantra in dieser Zeit ist 'ich bin vollständig'.
Stärkung der Wurzeln:

Die **Macawurzel** wirkt hier wahre Wunder! Sie verwurzelt Dich wieder und gibt Dir außerdem neue Lebenskraft!

Stärkung der Leber:

Wenn Du Ärger und Groll verspürst, mache eine Leberreinigung nach Dr. Hulda Clark und trinke ab und zu **Artischockensaft (kühlende Wirkung!).**

Stärkung der Nieren:

Auch Nierenessenz ist verloren gegangen. Baue sie wieder auf - mit echtem **Ginseng**.

Ausschüttung von Endorphinen: Schokolade!

Ullis Schokoladenübung:

Ich esse sehr gerne Süßigkeiten und ich bin damit gesegnet, dass ich davon nicht zunehme. Ich hatte einen witzigen Traum, der mir auch half, bei Liebeskummer meinen Körper wieder anziehend zu finden. Ich träumte, mein Körper wäre mit einer köstlichen Schokolade überzogen. Ich roch nach dieser superköstlichen Schokolade. Hmm, war ich lecker ... also stell Dir doch vor, Du bist mit Deiner Lieblingsschokolade überzogen oder mit Deinem Lieblingshonig und Du lockst Deinen Traummann oder Deine Traumfrau wie eine Biene zu Dir...

Brauchst Du Trost, unterstützt Merlistes Liebeskummer-Notfallprogramm. Dieses aufbauende und tröstende SMS-Coachingpaket hilft Dir über die schweren Stunden!
www.derliebesmagnet/Coachingprogramme

oder bestelle Dir

Dein Liebeskummernotfall-Kräuterpaket mit all diesen Kräutern unter *www.derliebesmagnet.com*

Was Du wirklich liebst, ist niemals verloren.

Ich durfte diese Lektion über meinen geliebten Kater Elvis lernen. Es begab sich folgende Geschichte: Meine größte Angst war, dass ich diesen Kater verlieren könnte, dass er irgendwann sterben würde. Es brachte mich fast um. Das Unvermeidliche trat an einem 8. Dezember ein. Mein geliebter Kater war gegangen. Ich war untröstlich. Ich weinte 8 Monate jeden Tag! In meiner Gegenwart durfte das Wort Katze nicht mehr ausgesprochen werden. Zu dieser Zeit ging ich des Öfteren im Schlosspark von Schönbrunn spazieren. Ich lehnte gerade an meinem Lieblingsbaum und als ich die Augen öffnete, saß eine schwarze Katze auf der Bank vor dem Baum. Zuerst dachte ich, dass ich halluzinieren würde und ich rieb mir die Augen. Nein, da saß wirklich eine schwarze Katze auf der Bank. Ich war aufgeregt und näherte mich der Katze. Was machte eine Katze mitten in Schönbrunn?

Die Frage war bald beantwortet, denn es handelte sich hier um Kater Jerry, der in den Wohnungen gleich dahinter wohnte. Ich streichelte Jerry und es war das erste Mal nach Elvis' Dahinscheiden, dass ich wieder in Kontakt mit einer Katze war. Es war wie ein Gruß vom Universum. Ich besuchte Jerry in weiterer Folge fast jeden Tag. Am Beginn von Monat 9, genauer gesagt an einem elften September. Ich kam gerade von meinem Spaziergang in Schönbrunn nach Hause. Ich wohnte in einer süßen kleinen Maisonette im 12. Bezirk in Wien. Die Wohnung war ebenerdig und ich hatte ein schnörkeliges Fenstergitter im Erdgeschoß zum Hof hin, durch welches Elvis immer raus und reingekommen war.

Ich beschloss, oben Staub zu saugen und schleppte den Sauger in die kleine obere Etage, wo eine gemütliche Couch stand. Ich drehte das Licht auf und traute wieder mal meinen Augen nicht! Denn da schlief friedlich eine kleine schwarze Katze auf meiner Couch. Ich dachte wieder ich halluziniere. Ich stellte den Staubsauger ab und beäugte die Katze. In diesem Moment sah sie mich an, miaute und ich wusste plötzlich, ihr Name ist Delfi und sie ist die Reinkatzination meines Katers Elvis. Elvis lebt ... es war glasklar für mich. Elvis war zurück! Die Katze blieb natürlich, forderte ihr Futter ein und wir zogen bald in eine wunderschöne Wohnung in Neuwaldegg. Delfi beschenkte mich mit Nachwuchs und die zwei Miezen, die ich behalten konnte, waren Bärchen und Panta-Resi! Beide sahen aus wie Elvis und waren braunschwarz! Er hatte sich auch noch multipliziert!

Diese Geschichte zeigte mir, dass eine große Liebe zurückgekehrt war! Und das Universum hatte mich auch noch vorbereitet durch das Auftauchen von Jerry in Schönbrunn!

Das war eine große Lektion der Liebe für mich.
Das wäre im klassischen Drehbuch jetzt ein 'Plotpoint' ... der Wendepunkt. Wenn Du in Deinem Leben einen Wendepunkt möchtest, dann schreibe jetzt Deine Wendepunkt-Szene!

Drehbuch "............................." (Titel)
Wendepunktszene:......................... (Ort)

"......

Zauberspruch aus Merlistes Buch zum Vertreiben von Liebeskummer:

"Ihr Sylphen der Lüfte kommet geschwind,
Vertreibet die Trübsal dem schönen Kind,
Nehmet hinweg der Liebe Schmerz,
Bringt wieder Freude in ein lachendes Herz."
Abrakadabra.

Wiederhole ihn 3x.
Bedanke Dich bei den Feen der Lüfte!

*"All is well and warm
Wet and wild
I am like a child
with a treasure
Filled with pleasure
Loving you"*
                    Elvis G.

 Das 8. Siegel

Nimm jetzt Deinen Schlüssel und öffne das achte Siegel.

Blümchensex 9.0 oder himmlische Sexualität.

Merliste erzählte mir folgenden Witz unter Elfen: "Ein Sterblicher verliebt sich in eine Elfe und fragt sie keck 'wie sieht eigentlich dirty-talk bei Elfen aus?' Merliste antwortete 'wir treffen uns an einer Lacke und quatschen'....love-affairies.....

Die Bezeichnung Blümchensex stammt übrigens von den Elfen. Allerdings wurde sie erheblich fehlinterpretiert. Denn wenn ihr euch in der Natur das Sexualverhalten der Pflanzen oder der Tiere anseht, dann ist das in jedem Fall authentisch, leidenschaftlich und sinnlich (vielleicht nicht bei der Gottesanbeterin, zumindest für das Männchen). In der Natur dreht sich alles um Befruchten, Bestäuben, ... langweilig ist das keineswegs ...

Die Rückeroberung der Unschuld.

Wir leben in einer Welt, in welcher der ursprüngliche Sinn der Sexualität bei Vielen verloren gegangen ist. Es ist nämlich der wirksamste Weg, die Einheit mit der Schöpfung zu erreichen. In diesem Bewusstsein und der Liebe füreinander, kann uns himmlische Sexualität zu unserer wahren Bestimmung führen. Sie hat die Fähigkeit, uns zu verjüngen und die Einheit mit der Schöpfung wiederherzustellen. Diese Bewusstheit kann Dir wahrlich die ekstatischste Vereinigung ermöglichen, die Du je erlebt hast.

Du magst Dir vielleicht denken, oh je klingt nach Blümchensex. Sag das Elfen ... allerdings wird er zu wahrer Ekstase. Alles andere als langweilig ...
Und glaube mir, Du wirst nie wieder etwas anderes wollen. Es wird nichts geben, was ihr zusammen nicht erreichen könnt. Dazu noch ein paar Punkte:

Die Macht des Weiblichen.

Alle Macht entsteht aus dem Weiblichen. Es war immer so und es wird auf diesem Planeten immer so sein. Die Frau gebärt das Leben. Sie empfängt die Schöpfung. Aus ihrem Schoß kannst Du als Mann das Göttliche empfangen. Wenn Du das als Mann erkennst, dann hat sich Dir der wirkungsvollste Weg zu Deiner Seelenverwirklichung offenbart. Doch was ist mit der weiblichen Sexualität passiert? Wir Frauen haben weitgehend vergessen, welche Liebe und Magie unserem Schoße wirklich innewohnt. Die Sexualität der Männer dominiert das Liebesleben. In vielen Kulturen diente die Frau nur dazu, dem Mann Lust zu verschaffen. Es ist leider heute oft noch so. Doch sollte es umgekehrt sein. Der Mann ist aufgerufen, seiner Göttin in Liebe zu dienen. Denn sie ist es, die ihn in Liebe nähren wird und ihn mit seiner Göttlichkeit verbinden wird.

Stärke versus zartes Frauchen.

Ich glaube, dass dies ein sehr verbreitetes Muster von Frauen ist. Ich hatte es jedenfalls als solches Muster. Das ging zurück auf Kindheitserfahrungen. Wir entwickeln oft Muster daraus, wie wir als Kind Liebe erhalten haben. Eines davon ist 'je hübscher und putziger ich bin, desto mehr liebt mich Papi'.
Das setzte sich natürlich fort. Hübsch und sexy sein, war meine höchste Prämisse. Doch das hat natürlich eine unangenehme downside, nämlich - Abhängigkeit! Die wahre Stärke kann nicht gelebt werden. Eine putzige, sexy Frau ist nicht gleich eine starke und mächtige Frau. Das erzeugte natürlich einen großen Konflikt in mir. Als ich es erkannte, habe ich mir jedoch die Vorteile herausgepickt. Denn unterschätzt lebt es sich ganz ungeniert. Und ich habe auch erkannt, dass Fragilität eine große Stärke ist. Dass Männer, die eine schwache Frau wollen, ohnehin nie die Richtigen sein werden. Und dass Stärke überaus sexy ist, nämlich von Innen. Was, übrigens erheblich weniger Ausgaben für Outfit, Styling, ... bedeutet. Überlege, ob Du vielleicht auch tief drinnen in Dir ein ähnliches Konzept hast. Es ist Zeit, es aufzulösen, die Welt braucht starke Frauen.

Liebespfeil oder Cruise Missile.

Der Penis ist der sensitivste Ausdruck der Liebe Gottes auf der körperlichen Ebene. Durch die Verbindung mit der Vagina der Frau wird die Möglichkeit geschaffen, eins mit dem Universum zu werden.
Je mehr ein Mann und eine Frau lernen, das Ziel Orgasmus loszulassen und persönliche Befriedigung zu erfahren, sondern einfach zu lieben, desto wahrhafter und ekstatischer kann Sexualität werden. Lass den Orgasmus los!

Büchse der Pandora oder Tempel der Liebe.

Die Vagina ist der Tempel der Liebe. Der Ort, wo körperliche Liebe ihre Bestimmung findet. Eine Frau möchte nur eines - ihrem Mann diese göttliche Essenz in ihr zu schenken. Doch das ist oft gar nicht leicht. Dazu braucht es ein liebendes Herz. Durch ausschließlich klitorale Befriedigung der Frau wird dann versucht, dieses Manko auszugleichen. Was auf Dauer zur Folge hat, dass weder Frau noch Mann vollständig ihre Bestimmung leben können.

Fantasien.

Nichts sollte mehr im Jetzt stattfinden wie körperliche Liebe. Wie kannst Du bei Deinem Partner/in sein, wenn Du gerade in sexuelle Fantasien abdriftest? Wenn Du nicht im Jetzt präsent bist? Bleib da, bleib bei dem Menschen, den Du liebst. Vielleicht fühlst Du Emotionen, die aus vergangenen sexuellen Erlebnissen stammen, die nicht so angenehm sind. Deine Vagina hat alle sexuellen Erlebnisse der Vergangenheit gespeichert. Ebenso der Penis, er ist vielleicht hart geworden.

Im Sinne von verhärtet. Nur ein weicher harter Penis ist ein liebevoller Penis. Ein freier, glücklicher Penis kann Wonnen erzeugen. Eine freie, samtige Vagina kann Wonnen empfangen. Ich hoffe, ich habe euch jetzt nicht komplett verwirrt. Sexualität unter wirklich Liebenden transformiert und heilt alles. Doch das ist ein Weg der Entwicklung. Und es geht nicht um die Technik, sondern um die Haltung.

Jungbrunnen oder Vampirismus.

Eine wundervolle Sexualität ist wahrlich ein Jungbrunnen. Abgesehen von der körperlichen Bewegung, der Freisetzung von Endorphinen, ... wem sag ich das ... die höchste Ekstase verjüngt Deine Zellen. Doch auch das Gegenteil kann der Fall sein. Bedenke, Du verbindest Dich immer auf einer sehr tiefen Ebene mit einem Menschen. Auch bei einem One-Night-Stand.

Manchmal passen Schwingungen nicht zueinander und man fühlt sich miserabel nach dem Sex, vollkommen energielos. Manche Menschen nehmen einfach nur und lassen ihren Ballast zurück. Das weißt Du dann immerhin. Mach die Farbreinigungsübung und spüle Deine Genitalien mit den Farben Weiß und Gold. Du hast wahrscheinlich Essenz verloren. Ginsengpulver hilft, wieder Nierenessenz auf-zubauen.

Verbindung Herz und Genitalien.

Oft ist auch die obere Körperhälfte nicht mit der unteren verbunden. Die Herzenergie verbindet sich nicht mit der Nierenenergie. Was eben eine von der Liebe abgespaltene Sexualität erzeugt. Frage Dich, wann es zu dieser Spaltung gekommen ist. Frage Dich, wann Du Dein Herz verschlossen hast? Frage Dich immer wieder, bis sich Dir die Antwort eröffnet. Hier noch eine Verbindungsübung.

Übung zur Verbindung von Herz und Genitalien.

Denke an einen Moment, in dem Du von Liebe erfüllt warst. Lass diesen Moment wieder aufleben. Wenn Du voll in der Energie schwelgst, dann leite sie hinunter zu deinen Geschlechtsorganen. Verbinde sie in Form einer rosafarbenen Acht. Atme neun Mal diese rosa Acht.

Sieh geistig die rosa Acht von Deinem Herzen zu Deiner Vagina oder Deinem Penis. Verbinde das Feuer mit dem Wasser.

Das 9. Chakra.

Es gibt nicht wie angenommen sieben Chakren, sondern neun. Das sind einzelne Energiezentren im Körper und Stationen, in welchen die Seele inkarniert. Auch Stationen, in welchen sich die Menschheit befindet. So befindet sich die Menschheit derzeit in einem Übergang vom 3. (Solarplexus/Macht-Selbst) in das 4. Zentrum (Herz/Frieden). Die sieben Chakren beginnen im Wurzelzentrum und enden im Scheitelzentrum. Doch hier enden sie nicht wirklich. Denn 9 cm über dem Scheitelchakra befindet sich das 9. Chakra, das uns mit der Schöpfung in reinster Form verbindet. Und wo befindet sich jetzt das 8. werdet ihr euch fragen? Das ist 9 cm unter den Füßen im Boden stationiert. Für eine himmlische Sexualität ist diese Information sehr wichtig. Denn diese beiden Chakren müssen auch in weiterer Folge mit dem Rest verbunden werden.

Du findest die entsprechende Übung dazu in meinem Blümchensex 9.0 Video
 (www.derliebes-magnet.com/videos)

Liebste Männer.

Bevor ihr mich jetzt vielleicht ebenfalls hasst wegen der vorangegangenen Zeilen, lasst mich noch Folgendes sagen: das Weibliche ist nicht wertvoller als das Männliche. Jeder Mann und jede Frau trägt auch den gegengeschlechtlichen Anteil in sich.
Der Mann trägt in sich die Kraft, die nach Außen dringt, die der unbedingt notwendige Katalysator ist, die himmlischen Energien auf die Erde zu bringen. Er ist der Beschützer, der Krieger des Lichts, der seine Frau und Familie beschützt und für Sicherheit sorgt. Doch wenn Du ehrlich bist, weißt Du selbst, dass das Pendel für die Frauen auf diesem Planeten noch lange nicht im Gleichgewicht ist.
Mann und Frau sind die beiden Säulen, die das Universum tragen.

Vom Worrier zum Warrior des Lichts.

Je mehr Du mit Deinem wahren Selbst in Kontakt kommst, desto stärker wirst Du. Nur ein Mann, der das Weibliche in sich wertschätzen kann, ist nicht schwach, sondern stark. Er wird zu einem wahren Ritter. Er kann wahrlich Mann sein und er erlaubt der Frau damit, wahre Frau zu sein.

Offenheit oder Abgrenzung.

Um das richtige Maß zu erkennen, musst Du mit Dir selbst in Kontakt sein. Wann solltest Du offen sein und wann nicht? Du erinnerst Dich vielleicht an das unbalancierte Positive. Ein Beispiel hierfür ist der ungehinderte und unkontrollierte Strom von Menschenmassen über Grenzen. Hier ging das rechte Maß total verloren.

Es ist nicht ehrlich, denn es wäre nicht dazu gekommen, gäbe es nicht schon ein Ungleichgewicht vor Ort, wo einzelne Staaten wie Libanon und Jordanien die gesamte Last tragen. Und reiche Länder im unmittelbaren Umfeld so gut wie nichts tun. Das ist doch wirklich sonderbar... Und ich bin wahrlich keine Rassistin! Meine besten Freunde und Freundinnen sind aus dem Iran, dem Irak und aus Israel.

Ich war Zeuge einer sehr eindrucksvollen Hawaiianischen Begrüßungszeremonie. Ein Schamane aus Maui war zwei Monate hier zu Gast und hielt das Ritual ab. Er hatte den Männern und Frauen des Gastlandes seinen Respekt zu erweisen. Die Männer demonstrierten ihre Stärke als Krieger, die in der Lage sind, ihre Frauen und Kinder zu beschützen. Niemand kann einfach in das Territorium anderer eintreten, wenn nicht alle dem zustimmen!

Keine Panik - das ist der Idealfall

Du denkst jetzt vielleicht: „Du meine Güte, da ist Hopfen und Malz verloren." Das vorher Beschriebene ist aus meiner Sicht der Idealfall. Es geht weniger um die Technik als um die Einstellung zur Sexualität. Wenn ihr euch der Liebe öffnet, findet sich die richtige Sexualität von selbst. Es heißt auch nicht das Animalische in der Sexualität zu verdammen. Es heißt, eine Sexualität zu leben, die Deinem innersten Wesen entspricht. Du musst nur ehrlich zu Dir selbst sein und die Möglichkeiten der körperlichen Liebe kennen.
Und Du weißt ja: 'das Wort umhüllte ihn wie einen Mantel, der zu Boden fiel'. Welcher Mantel umhüllt Dich als 'geile Schlampe' (keiner) und welcher als 'Liebesgöttin'....jetzt bin ich eine Spaßbremse....sorry...nur der rosa Gürtel umhüllt dich hier vielleicht...

Wenn ihr mehr über Blümchensex 9.0 erfahren wollt, dann gibt es ein Video dazu auf www.derliebesmagnet/Videos.

Da ich lange Jahre als Feng-Shui-Beraterin gearbeitet habe, hier noch einige praktische Gestaltungstips, die schon mal die gewünschte Atmosphäre im Schlafzimmer erzeugen können.

Farben der Leidenschaft/Erotik.

Wenn Du etwas mehr Leidenschaft in Dein Liebesleben bringen möchtest, dann sind die Farben Rot, Orange und Gold bestens geeignet! Accessoires in diesen Farben wirken wahre Wunder.

Farben der Selbstliebe.

Wenn Du Dich verausgabt hast und Fürsorge, Aufbau und Heilung für Dich brauchst, dann verwende die Farben Gelb, Rosa, Zartlila. Gelb stärkt auch immer die Mitte!

Farben der tiefen Gefühle/Hingabe.

Lade hier die Farben des Ozeans ein, nämlich Türkis, Grün, Blau. Tauche ab in sinnliche Untiefen ... eine Prise dunkles Lila haucht dem Ganzen noch den Zauber der Ekstase ein!

Farben der Magie.

Du willst ein magisches Ambiente und Deinen Schatz verzaubern? Dann verwende Violett, Gold, dunkles Rot.

Symbole.

Beachte, welche Bilder Du in Deinem Schlafzimmer aufgehängt hast. Wenn Du keine Dreierbeziehung möchtest, dann verwende keine Dreiersymboliken.

Bedenke, das alles was sich in Deinem Schlafzimmer befindet, eine Form von Energie ausstrahlt.
Mache eine Inventur und überlege, ob die einzelnen Gegenstände Dein neues Liebesdrehbuch repräsentieren. Entsorge alles, was nicht mehr Deiner neuen Liebesrealität entspricht.

Das Bett.

Beachte bei der Platzierung Deines Bettes, dass Du rechts und links vom Bett Platz hast, sodass jeder von euch bequem heraus- und hineinsteigen kann.
Beachte, dass der Bereich hinter Deinem Kopf geschützt ist. Entweder mit einem stabilen Kopfteil oder mit einer Wand. Je weniger Metall Dein Bett enthält, desto besser. Am besten gar keines, es irritiert Dein elektromagnetisches Feld. Wasserbetten wären genial, wenn sie kein Metall im Korpus enthalten würden.

Krafttiere und Beziehung.

Die Symbolik vom Tieren ist sehr kraftvoll. Hier einige Beispiele und deren Bedeutung in Bezug auf Liebe.

Delphine.

Willst Du spielerische Sexualität, dann platziere Delphine in Deinem Schlafzimmer.

Katze.

Willst Du schmusige Sexualität und doch Unabhängigkeit, dann platziere die Katze. Bist Du eher ein Raubkätzchen, dann sind Löwe und Löwin besser geeignet

Stier.

Bist Du ein wilder Stier oder möchtest zumindest zukünftig einer sein, dann ist der Stier Dein Krafttier.

Elefant.

Sehnst Du Dich nach Fürsorge und einer mütterlichen Frau, dann ist der Elefant super geeignet. Falls Du Nachwuchs anstrebst - er ist auch ein Symbol für Fruchtbarkeit! Wenn eine Frau überall Elefanten platziert hat, weißt Du Bescheid ...

Hund.

Ist Dir Treue und Loyalität sehr wichtig, dann wähle doch den Hund als Totem in Deinem Schlafzimmer.

❦ Merlistes Pflanzen – und Kristalltipps:

Kalla - ob in weiss, rosa oder rot – Merlistes Lieblinge, wenn Dürre in Deinem Schlafzimmer herrscht

Rosen - in Rot Boten der Leidenschaft

Lilien - Bestäubung und Reinheit

Achtung! Deine Kakteensammlung gehört nicht in Dein Schlafzimmer ...

Achtung! Liebe Männer, wenn eine Frau das Bild einer Gottesanbeterin im Schlafzimmer hat, könnte sie eine gesuchte Serienkillerin sein ... ich rate Dir, lauf ...

Deine Drehbuchszene zur Super-Sexualität:

Beispiel:

Drehbuch: 'Cityelfes'
Szene: Hotel Hyatt, Caty & Henry

"Musik chillig. Wir lösten uns voneinander, um wieder miteinander zu verschmelzen. Die ganze Nacht, Stunden um Stunden tranken wir den köstlichen Nektar der Ekstase..."

Wie sieht Deine Schlafzimmer-Szene aus?

"....

„I tried to resist
But I cannot exist
my beloved muse
Never to lose"
                    Elvis G.

# Das 9. Siegel

Nimm jetzt deinen Schlüssel und öffne das neunte Siegel.

Du bist ein Liebesmagnet.

Formel: Liebesmagnetismus = 0 urteilen

Ich hatte vor rund zwanzig Jahren das Glück, bei einem sehr tollen Therapeuten, den Ballast der Vergangenheit loslassen zu können. Ich machte ein paar intensive Heilsitzungen und war nach der letzten Sitzung in einem Zustand, der schwer zu beschreiben ist. Ich war für eine kurze Zeit im 7. Chakra. Wir befinden uns derzeit im 3. Und sind in der Zeit des Übergangs in das 4., das Herzchakra. Ich fühlte mich, als wäre ich im Himmel der Glückseligkeit. Als wäre ich eine Ausstülpung des Himmels auf Erden. Ich war es. Ich fühlte die gesamte Liebe und Fürsorge des Universums und wusste in meinem tiefsten Inneren, dass diese Liebe und Fürsorge bis in alle Ewigkeit für mich da sein würde. Ich weiß noch. ich stand vor diesem Kiosk in der Porzellangasse im 9. Bezirk in Wien und hatte das Gefühl, dass alles, was ich mir wünschte, geradewegs ganz leicht zu mir floss. Ich ging ins Café des Palais Liechtenstein um die Ecke und trank einen Kaffee. Ich sah die Menschen, die raus und rein gingen, und fühlte nur Liebe für diese Menschen. Ich fühlte Mitgefühl für sie, weil ich wusste, dass die meisten diesen Schmerz in sich trugen, den ich loslassen durfte. Ich hatte Verständnis für sie und konnte sehen, was darunter lag. Etwas Wundervolles, etwas Wertvolles, ein großartiger Schatz. Etwas in meiner Wahrnehmung fehlte völlig, nämlich das Urteil.

Die Beurteilung die normalerweise stattfindet, wenn uns jemand begegnet.
Dieses Fehlen der Beurteilung erzeugte in mir dieses unendlich schöne Gefühl des Friedens. Das war für mich bisher das epochalste Erlebnis und die daraus resultierende Erkenntnis. Du wirst förmlich zu einem Liebesmagneten, wenn Du mit dem Urteilen gänzlich aufhörst. Das ist ein wirklich offenes Herz.

 *Merlistes Übung:*

Mache zwei Wochen lang bewusst mit jedem Menschen, der dir begegnet, folgende Übung: betrachte die Person, die Du vielleicht bis dato beurteilt hast, mit Mitgefühl und sieh, was an dieser Person liebenswert und schön ist. Mache es Dir zur Gewohnheit, alle Menschen, die Dir begegnen, neu zu sehen. Nämlich als Geschenke der Schöpfung, die ein Präsent für Dich haben oder vielleicht hast Du ein Präsent für sie? Das Leben wird so zu einem Freudenfest, einem üppigen Festmahl mit vielen Geschenken.

Geben ist Empfangen.

Die Qualität zu schenken, ohne dafür etwas zurückzuerwarten, ohne Hintergedanken ist wohl das wirksamste Gesetz der Fülle. Das ist wirklicher Reichtum.

Seelenverwirklichung - offenes Herz.

Wer den Traum seiner Seele lebt, strahlt Glück aus. Glück ist ein Magnet. Ein offenes Herz ist der Schlüssel zu allem, was wir uns wirklich wünschen. Ein Mensch mit einem offenen Herzen ist jemand, der von Innen strahlt und leuchtet. Es ist ein Seinszustand der totalen Glückseligkeit. Alles fließt einem automatisch zu. Es gibt, wie gesagt, kein Urteil. Alles andere ist **kein** vollständig offenes Herz! Da müssen wir ehrlich zu uns selbst sein. Kann man aber nur wissen, wenn man diesen Zustand schon mal erlebt hat. Deshalb hier wieder mal die Frage, 'wann habe ich mein Herz verschlossen?' **Die Seele will nur Eines: sich selbst geben, geben, geben, ...**

Derzeit befinden wir uns perfider Weise in einer Gesellschaftsstruktur, die selbstloses Geben sehr schwierig macht. Weil das Grundsystem schon mal nicht darauf ausgerichtet ist. Wenn wir etwas möchten, dann bezahlen wir dafür. Ja, wir beschenken natürlich Menschen, die wir lieben oder mögen. Aber es ist eher die Ausnahme als die Regel. Da wir natürlich unseren Lebensunterhalt 'bestreiten' müssen, können wir es uns nicht 'leisten', etwas zu verschenken. Das ist die Infrastruktur, in die wir eingebettet sind.

Wir überlegen, wie wir die verschiedensten globalen und nationalen Probleme lösen sollen. Ich glaube, wir sollten uns eine neue Gesellschaftsstruktur überlegen, die Schenken wieder möglich macht.

Wir haben schenken als normalen Zustand des Seins verlernt. Wir sind zu Nehmern geworden, die konsumieren, zu Konsumenten. Die Natur beschenkt uns reich. Der Mangel im Außen ist unser innerer Mangel. Niemand auf diesem Planeten müsste hungern. Diese Menschen hungern nicht, weil sie einen inneren Mangel haben, sondern weil unsere Gesellschaft einen inneren Mangel erzeugt hat, einen Hunger der Seele, der nicht gestillt wurde. Lernen wir wieder wahres Schenken, lernen wir wieder wahres Lieben. **Es bräuchte nur 6 bis 7 Milliarden Euro, um Hunger auf diesem Planeten zu beseitigen (Quelle: UNO)**. Ein Klacks. Warum also werden marode Banken gerettet, anstatt die Menschen, die Hunger und Not leiden? Über Nacht werden dafür einfach flugs ein paar Milliarden gedruckt! Würden wirklich Liebende das zulassen? Doch wieder zurück zu etwas Schönem ...

Das Wiederentdecken der Poesie.

*"Sacred secret lover
Sanctuary of my heart
Feelings don't diminish
With distance or time
Touching you in dreamtime
You feel so fine..."
Elvis G.*

... ob Elvis sich irgendwann mal zurückverwandelt ...?

Wann hat Dir das letzte Mal jemand solche Zeilen geschrieben? Es ist mein Lieblingsliebesbrief ... lass die Poesie wieder in Dein Leben. So lädst Du den Zauber ein (und hast volle Unterstützung der Feen, sie lieben Poesie ...)!

 *Merlistes letzte Übung:*

Entdecke die Poesie wieder! Schreibe hier ein poetisches Gedicht nieder, von dem Du Dir wünschen würdest, dass es Dir jemand schreibt!

Geliebte(r)............................!

Gratuliere, Du hast die 9 Siegel geöffnet! Erfreue Dich an Deiner neuen Liebesrealität! Und denk immer daran, Du wirst unendlich geliebt - forever! Und schick uns mal eine Postkarte von Deinem Liebesurlaub!

Dein Liebesteam  **Elvis G. & Ulrike**

Jetzt noch Deine finale Abschluss-Szene, Dein Happy End bitte!

Beispiel:

"Ich bin glücklich. Alles ist so, wie ich es mir erträumt habe, sogar noch besser..... Ich bin am Beginn einer wundervollen Reise ins Glück ...'

....
....
....
....
....

FIN

Elvis G.'s (nach Jahrhunderten Reflexion) vier Säulen eines wundervollen Liebeslebens:

1. Selbstliebe
2. Wertschätzung
3. Respektvolle Kommunikation
4. Liebevolle Sexualität

Infos & Kontakt: www.derliebesmagnet.com
E-Mail: ulli@derliebesmagnet.com
Skype: ullicrealiity

Free Downloads: www.derliebesmagnet.com/Übungen
Free Audio 1 - Merlistes Wasserfall-Reinigung
Free Audio 2 - Merlistes Garten der Mitte
Free PDF-Übungen liisalove
Links: Free Interviews crealiiTV
Links: Free Anmeldung www.crealiity.com

Weitere Produkte:

SMS Coaching: Merlistes Liebeskummer-Notfallprogramm, tröstende SMS
Kräuter: Merlistes Liebeskummer-Kräutermischung

Video: 'Blümchensex 9.0' mit Ulrike Stern
Liebesmagnet E-Book
Liebesmagnet Hörbuch

Weitere Bücher der Autorin:
Cityelfen (auch als E-Book und Hörbuch erhältlich)
Spirit up your Biz (auch als E-Book und Hörbuch erhältlich)

Workshops liisalove:
www.crealiity.com/Anmeldungen

Einzelsitzungen in Wien:
Liisalove Profiling für Paare
Ade Burn-out
Crystal-Balancing

Cityelfen

Der übersinnliche Cyber-Elfen-Miezenkrimi

Eine Blondine, ein verhexter schwarzer Kater (G. Casanova), ein Zwerg & eine künstliche Intelligenz ermitteln im Dienste Ihrer Zwergenmajestät.

Suburban fantasy aus Wien-Dornbach

Von Ulrike Stern   Edition Floreat

SPIRIT UP YOUR BIZ

*Schreibe Dein Erfolgsdrehbuch
mit dem Wissen Alter Kulturen*

Die Neuauflage von 'Break Free Management'!
Mit guten Tipps von Sir Lionel H. Rich, dem reichsten
Zwerg und Hüter des Topfes mit Gold am Ende des
Regenbogens.

Von Ulrike Stern   Edition Floreat

Jetztgehts.com. Warum bringt Dich dieses Buch jetzt an Dein Ziel?

Weil sich dieses Buch auf die **wichtigste Frage Deines Leben** konzentriert, die lautet: *Wie werde ich erfolgreich?* NEIN !!
W o m I t   w e r d e   i c h   e r f o l g r e i c h ?
Erfolgreiche Menschen machen oft aus einem Bauchgefühl heraus genau das, was zu ihnen passt. Daher schreiben sie auch keine Bücher darüber. Tatsächlich ist aber dies genau das "Erfolgsgeheimnis" Nr 1.
Wenn Dein Projekt, egal ob neuer Job oder eigene Firma, zu Dir passen klappt auch das WIE!
Löse das Problem am richtigen Ende, anstatt kilometerlange Erfolgs–Gebrauchsanleitungen zu lesen. Hier erfährst Du, wie Du das zu Dir passende Projekt oder Deinen neuen Job auswählst.

Weitere Buchtipps:

The only Planet of Choice, Phyllis V. Schlemmer, www.theonlylanetofchoice.com
Jetzt geht's, Roman Padiwy, www.jetztgehts.com
Somatic Energetics, Dr. Michael McBride, www.somaticenergetics.com
Das Beziehungs-Notfallset, Chuck Spezzano
Sexuelle Liebe auf göttliche Weise, Barry Long
Das Ubuntu-Prinzip, Michael Tellinger
Der Stadtschamane, Serge K. King
Erzählungen eines Alchemisten, Oberto Airaudi (Falco), www.damanhur.org
Transsurfing - Lenker der Realität, Vadim Zeland
Ein Kurs in Wundern, Helen Schucman
Lifssyn min - Lebenseinsichten der isländischen Elfenbeauftragten, Erla Stefansdottir
Der Spiegel der Liebe, Yiddu Krishnamurti
Steinreich, Luisa Francia
Der Jesus Christus Manager, Laurie Beth Jones
Adventures in the Supernormal, Eileen J. Garrett
Need, greed or freedom, Sir John Whitmore
The greatest salesman in the world, Og Mandino
Das Tao der Frau, Maitreyi Piontek
Tensegrity, Carlos Castaneda
Animals - our return to wholeness, Penelope Smith
Grüße aus dem Universum, Mike Dooley
Novize des Nichts, Dr. Manfred Greisinger
Die gläubigen Schuldner, Joshi Frey
Das Ende des Geldes, Prof. Franz Hörmann
Der Herr der Ringe, J,R. Tolkien
The secret mushroom, Dr. Andrija Puharich

Balancing Art
Ist die Bilderserie der Künstlerin. Symbole aus Alten Kulturen mit Halbedelsteinen. Acryl auf Leinen.
Von Ulrike Stern